Monika Reitprecht

Geb. 1973 in Wien, Studium der Geschichte und Politikwissenschaft, in Ermangelung eines Führerscheins kam Taxifahren nicht in Frage, daher seit 1999 Bibliothekarin bei den Büchereien Wien. Letzte Veröffentlichung: Wo stehen hier die E-Books? (Milena, 2015)

Monika Reitprecht

DEN TITEL HAB ICH LEIDER VERGESSEN

... ABER ES IST BLAU

Milena

INHALT

7 Einleitung

11 Über unseren Berufsstand

19 Corona

33 Homeoffice

41 Videokonferenz

49 Kundenanfragen

75 E-Book-Support

83 Bibliothekarischer Alltag

109 Allgemeine Betrachtungen

Einleitung

Irgendwann wacht man auf und merkt, es ist zu spät, um jung zu sterben. Jetzt gibt es im Wesentlichen zwei Möglichkeiten: Man postet auf TikTok, kauft sich weiße Turnschuhe und ein Rennrad – oder man entschließt sich, vielleicht nicht gerade in Würde, aber jedenfalls ganz offiziell zu altern. Und machen wir uns nichts vor, irgendwann kommen wir alle an den Punkt, uns eine NÖ-Card und einen Facebook-Account zuzulegen.
Als die Stadt-Wien-Büchereien 2009 ihren Facebook-Auftritt lancierten, war das richtig hip und wir dachten uns, hey, wir wollen dorthin, wo die jungen Leute sind! Die wollten aber verständlicherweise nicht dort sein, wo nun auch wir weniger jungen Leute waren, und zogen weiter. Wir sind geblieben und generationentechnisch ziemlich unter uns; wenn ich von Videokassetten, Fax und Zettelkatalog schreibe, ernte ich nicht verständnisloses Schweigen, sondern sentimentalen Enthusiasmus. Beklage ich, dass ich mittlerweile bei meiner Altersangabe im Internet so lang scrollen muss, dass ich bis dahin wieder vergessen habe, warum ich das ausfülle: Zustimmung und Mitgefühl. Ich will aber nicht nur erzählen, dass ich 15 Kilometer barfuß durch hüfthohen Schnee in die Schule gehen musste, insofern besteht mein Arbeitsalltag als Ü40-Social-Media-Managerin zu dreißig Prozent aus Content Creation und zu siebzig Prozent aus Emojis googeln und im Urban Dictionary nachschauen (was

wiederum dazu führt, dass die Follower Emojis googlen und im Urban Dictionary nachschauen müssen, um den Post zu verstehen).

Generationenübergreifenden Konsens gibt es beim Thema Buch – Bücher sind wichtig, Bücher mag man, Bücher sind toll, Bücher darf man keinesfalls wegwerfen (sondern allenfalls uns spenden, vor allem die Windows-95-Ratgeber).

Allen kulturpessimistischen Unkenrufen zum Trotz: Junge Menschen lesen gern und viel – und wir müssen es ja wissen. Was liegt also näher, als unsere Facebook-Postings in Buchform zu publizieren – weil so erreichen wir auch die Zielgruppe U40.

Monika Reitprecht

Es gibt kaum einen Berufsstand, bei dem Binnen- und Fremdwahrnehmung so sehr auseinanderklaffen wie bei unserem. Je nachdem, welche FSK-Freigabe die Filme aufweisen, sind die Bibliothekarinnen (ja, in den allermeisten Fällen Frauen – zumindest das entspricht der Realität) verschrobene alte Jungfern oder attraktive, leicht bekleidete Vamps, deren primäres Interesse nicht der Literatur gilt. Die Wahrheit liegt im konkreten Fall nicht in der Mitte, sondern ganz woanders.

Über unseren Berufsstand

"Was machen Sie beruflich?"
"Ich bin Bibliothekarin."
Die weitere Unterhaltung erfolgt dann im Flüsterton.

"Sind Sie aus Liebe zu Büchern Bibliothekarin geworden?"
Lol! Nein, natürlich wegen des Geldes, des Ruhms und der Macht.

Grippeimpfung, Arzt fragt: "Was machen Sie beruflich?"
"Bibliothekarin."
"Ich weiß, es ist leichter gesagt, als getan, aber bitte heute keine schweren körperlichen Tätigkeiten mehr verrichten."
Gut, kleb ich das Post-it halt morgen drauf.

Kleiner Bub, telefonierend auf der Straße: "Aber dann wird mein Buch zerknittert." – "Das geht nicht, mein Buch!" – "DANN WIRD MEIN BUCH ZERKNITTERT! MEIN BUCH!! ZERKNITTERT!!!"
Sicher das Kind von Bibliothekar:innen.

"Sagen Bibliothekarinnen heute eigentlich noch Pssst?"
Nein, meistens sagen wir: "Gusch."

"Ist das Ihr richtiger Job?"
Himmel nein, nachts arbeite ich im Straßenbau – das hier mache ich nur zur Entspannung.

Es gibt ganze TV-Sendungen über "Spielerfrauen". Hingegen noch ein Desiderat: Beiträge über Bibliothekarinnenmänner.

Es ist allen sehr wichtig, dass ich zu den Klassentreffen komme – sie können dann befriedigt feststellen, dass man auch mit guten Noten keinen Erfolg haben kann.

Eine Bibliothek ist wie das Paradies; sobald man in einen Apfel beißt, fliegt man raus.

Die Bücherei des 21. Jahrhunderts ist keine stille Gruft. Kinder lachen. Teenies kreischen. Eltern plaudern. Bibliothekar:innen schreien. Alle telefonieren. Sie ist ein Inferno.

Mittlerweile tragen deutlich mehr männliche als weibliche Bibliothekare Dutt.

"Müssen Sie so mürrisch schauen?"
Ja, mürrische Bibliothekarinnen zählen zum immateriellen UNESCO-Weltkulturerbe.

Apotheker: "Sie schon wieder! Ist wohl berufsbedingt, dass Sie sich so oft verletzen!"
Ja, aber wir Dachdeckerinnen, Hochseefischerinnen, Stuntfrauen und Bibliothekarinnen wussten ja, worauf wir uns da einlassen.

Glückwunsch an die Ex-Kollegin, die gestern bei der Millionenshow immerhin 300.000 Euro gewonnen hat; als Bibliothekarin muss man dafür schon fast einen Monat lang arbeiten.

Ich bin jetzt in einem Alter, in dem mich zufällig in der Bücherei vorbeikommende Schulkolleg:innen nicht mehr fragen, ob das mein Job zur Finanzierung des Studiums ist, sondern ob ich da ehrenamtlich arbeite.

"Warum wurden Sie Bibliothekarin?"
Ich war jung und brauchte die Bücher.

Eigentlich wollte ich Rockstar werden. Mittlerweile bin ich aber froh, Bibliothekarin zu sein, die Groupies sind einfach intelligenter.

Verkäuferin in der Bäckerei: "Sie arbeiten da in der Bücherei, stimmt's?"
"Ja."
"Ich beneide Sie – den ganzen Tag lesen!"
Und ich Sie erst – den ganzen Tag Schoko-Croissants essen.

"Bibliothekar:innen können nicht durch Roboter ersetzt werden."
Durch Roboter vielleicht nicht:

Die Reaktion auf »Ich bin positiv« hat sich mittlerweile von »OMG, das tut mir so leid, ich bring dir einen Wochenvorrat an Lebensmitteln, und sag Bescheid, wenn du noch was brauchst!!« zu »Aber den Bericht hast du eh trotzdem bis morgen fertig???« gewandelt. Unser Umgang mit der Seuche ist also wesentlich gelassener geworden; eine Herausforderung war Corona aber natürlich auch für unseren (Arbeits-)Alltag.

Corona

Seit ich Covid-bedingt in die Arbeit radle, statt die U-Bahn zu nehmen, halte ich einen Radunfall für die wesentlich wahrscheinlichere Todesursache.

Wenn ich früher die Herbstjacken wieder rausgeholt hab, fand ich in jeder Tasche eine Kastanie. Jetzt eine FFP2-Maske.

"Muss in der Bücherei Maske im Gesicht getragen werden?"
Ja – auf anderen Körperteilen getragen, ist die Wirksamkeit laut Virolog:innen deutlich schwächer.

Mai 2020: Cool, ich war schon ewig nimmer im Schönbrunner Schlosspark.
Oktober 2020: Treffen? Hm, spazieren in Schönbrunn?
Dezember 2020: Na ja, wir könnten ja vielleicht in Schönbrunn ...?
März 2021: Noch einmal zur Gloriette rauflatschen, und ich ertränk mich im Neptunbrunnen.

2019: Wenn ich nicht ständig Essen gehen oder zu Kaffee & Kuchen, zum Grillabend oder auf Cocktails eingeladen würde, hätte ich schon locker fünf Kilo abgenommen.
2021: Das war offensichtlich nicht das Problem.

Egal wie die aktuellen Corona-Regeln grad lauten – ich trag in Innenräumen weiterhin eine Maske und keine Hose.

Normalerweise sind um diese Jahreszeit Reiseführer für Thailand, die Malediven und die Karibik die großen Ausleihe-Renner.
Heuer stellen wir fest, dass es massive Bestandslücken für die Regionen Großenzersdorf, Brunn am Gebirge und Purkersdorf gibt.

Dezember 2020:
"Ihr persönlicher Jahresrückblick in möglichst knappen Worten?"
Oasch.

Sehr gut, dass Sie sich beim Husten etwas vorhalten. Wenn es sich dabei um Ihre Armbeuge und nicht um das Buch, das Sie gleich darauf zurückgeben, handeln würde, wären wir vollends begeistert.

Heftiger Hustenanfall während eines Telefonats:
"Omikron?"
"Leibniz."

Der große Vorteil des Arbeitens ist ja, dass man in der Zeit zumindest nicht spazieren gehen muss.

2019: Wie soll ich Weihnachten mit der ganzen Verwandtschaft überstehen?
2020: Wie soll ich Weihnachten ohne die ganze Verwandtschaft überstehen?
2021: Wie soll ich Weihnachten mit dem Teil der Verwandtschaft, der auf Heilsteine und Bachblüten schwört, überstehen?

"Ich hab den 2G-Nachweis auf dem USB-Stick."
"Tut mir leid, aber wir dürfen keine Sticks einstecken."
"Warum nicht?"
"Wegen der Gefahr, dass sich Viren auf den PC übertragen."
"Und wenn ich ihn vorher abwisch'?"

54 Prozent aller Wiener:innen haben nach dem Anstoßen um Mitternacht irrtümlich mit dem Sekt gegurgelt.

"Kann ich auch ohne G in die Bücherei kommen?"
Ja, wir haben alle Buchstaben in ausreichender Menge vorrätig.

Unser Jahresrückblick:
Jänner: Schlimmer als 2020 kann es nicht werden
Februar: Doch
März: Zu
April: Auf
Mai: Zu
Juni: Halb auf (Click & Collect)
Juli: Veranstaltungen nur digital
August: Veranstaltungen auch vor Ort
September: Alle Veranstaltungen absagen
Oktober: Zu
November: Auf
Dezember: Click & Collect
2022 kann nur besser werden

Eben das erste Mal seit Jahren wieder Filterkaffee getrunken. Allerdings nur, weil ich vergessen hatte, dass ich FFP2 trug.

"Hat eigentlich schon jemand bemerkt, dass noch kein Querdenker auf der Öffnung der Bibliotheken bestanden hat?"
Das ist doch auch nur wieder so eine Verschwörungstheorie.

Die Corona-Zahlen sinken, es ist Freitag, und es scheint die Sonne. Immerhin ist mir grad ein Joghurt im Rucksack ausgeronnen, sonst wäre das Glück beinahe schon unerträglich.

Er ist immerhin noch nicht mutiert:

Für alle, die gerade fassungslos vorm Supermarkt stehen: Es ist nicht ultraharter Lockdown, es ist 1. Mai.

Es gibt gerade jetzt viele gute Gründe, unsere digitalen Angebote zu nutzen. Diese Dame hat einen besonders guten Grund:
"Bitte stellen Sie mir einen Gratis-Account für die E-Bücherei zur Verfügung, sonst muss ich die Utta-Danella-Kollektion meiner Mutter lesen. Tun Sie mir das nicht an!!!"

Google-Rezension:
"Freundliches Personal, aber ich verstehe nicht, warum ich eine Maske tragen muss."
Die gute Nachricht: Es liegt nicht an Ihrem Aussehen.

Es gibt derzeit viele Tipps für die Wiederaufbereitung von FFP2-Masken.
Mein Favorit: Bei 80 Grad eine Stunde ins Backrohr mit einer Panier aus Kürbiskernen und einer leichten Joghurtsauce.

Mit der 1€-Einmal-Maske im 7. Bezirk unterwegs. So habe ich mich zuletzt gefühlt, als ich ohne Fjällräven-Rucksack im Espresso in der Burggasse gesessen bin.

"Sie schreiben, dass Sie ab 18. Mai wieder geöffnet haben. Kann ich auch vor dem 18. Mai kommen?"
Kein Wunder bei der missverständlichen Formulierung.

Wir haben extra noch schnell Sessel mit Armlehnen gekauft, damit ihr nicht drauf sitzen könnt:

"Ist das Buch gut?"
Keine Ahnung, wir setzen auf Eigenverantwortung.

1-Stern-Google-Rezension:
"Leicht hysterischer Umgang mit der Desinfektion von Büchern."
Die Flasche Wodka ist uns nur versehentlich aufs Buch gekippt.

Unsere Zeitschriftenecke sieht in Zeiten von Corona wie "Reise nach Jerusalem" im Endstadium aus:

"Ich wollte die Bücher am Wochenende zurückbringen, nur ging das leider nicht, weil meine Freundin mich mit einem Kurztrip nach Barcelona überrascht hat. Ich hatte Geburtstag. Und jetzt hab ich Corona und bin in Quarantäne."

Wir sagen es euch immer: Schenkt lieber Bücher.

Meine Vorstellung von Homeoffice war von einschlägigen *Stock*fotos geprägt: In Businesskostüm oder Anzug gewandete Menschen, die in großen, lichtdurchfluteten Räumen mit ergonomischem Mobiliar vor 27-Zoll-Bildschirmen sitzen. Nichts hat mich darauf vorbereitet, 30 Quadratzentimeter des Küchentisches freizuräumen und dort zwischen Wok, Zeitschriften und den Resten vom Abendessen ständige Revierkämpfe auszufechten. Und wenn es nach Karl Lagerfeld geht, habe ich längst die Kontrolle über mein Leben verloren.

Homeoffice

Auch wenn ich allein im Homeoffice sitze, sage ich regelmäßig: "PSST!" Ich muss schließlich darauf achten, nicht alle bibliothekarischen Kulturtechniken zu verlernen.

Man sollte sich auch im Homeoffice nicht völlig gehen lassen.
Hätte ich jetzt eine Hose angehabt, wäre das Ausschütten des heißen Tees nicht so schmerzhaft gewesen.

Ich hab ein Freizeit-Leiberl und ein Homeoffice-Leiberl. Jetzt weiß ich nimmer, welches welches ist und ob ich nicht vielleicht zu Unrecht arbeite.

Nahrungspensum pro Bürotag:
2 Schokoriegel, 1 Apfel.
Nahrungspensum pro Homeoffice-Tag:
Müsli, 3 Stück Apfelstrudel, Gemüsecurry, 2 Käsebrote, 1 Tafel Schokolade.

Simples Rezept für getrocknete Tomaten:
Cocktailtomaten kaufen, im Büro deponieren, 6 Wochen ins Homeoffice gehen:

Nach wochenlangem Homeoffice musste ich mich vor dem ersten Gang ins Büro erst wieder mit der Funktionsweise von Reißverschlüssen vertraut machen.

"Stört es dich, wenn ich auch da im Zimmer bin, während du Homeoffice machst?"
"Nein."
"Super, danke!" [packt den Schlagbohrer aus]

Auf "Drucken" geklickt und dann drei Minuten orientierungslos ins Leere gestarrt, bis mir eingefallen ist, dass ich im Homeoffice keinen Drucker habe.

Ein Vorteil des Homeoffice: Man hat Zeit, auch aufwendigere Gerichte zu kochen:

Nach monatelangem Homeoffice vergessen, dass man ausnahmsweise geschminkt ist, sich heftig die Augen ribbeln und das Meeting dann als Alice-Cooper-Look-Alike bestreiten.

"Kannst du den Drucker nicht ins Homeoffice mitnehmen?"
Angesichts der Größe unseres Druckers könnte ich sogar im Drucker Homeoffice machen.

Acht Stunden Homeoffice am Küchentisch, oder wie ich es nenne: progressive Muskelverspannung.

Es ist eh auch schön, nach Monaten des Homeoffice wieder im Büro zu sein. Wenn mir die Chefin nur glauben würde, dass ich ohne Hose genauso gut arbeite.

Was ich am Homeoffice auf dem Land so schätze: Man hört nur Kirchenglocken, Rasenmäher, Baumsägen, Bohrmaschinen und Traktoren – ansonsten völlige Stille (ok, vom Nachbarn Radio NÖ).

Nach langen Monaten des Homeoffice endlich wieder mit den Kolleg:innen im Büro plaudern. Irgendwie ist Vorfreude doch tatsächlich die schönste Freude.

Wenn andere vom Homeoffice auf dem Land erzählen, geht's da immer um Fasane und Rehe, die sie von der Terrasse aus beobachten. Bei mir unterscheidet es sich vom Homeoffice in der Stadt vor allem dadurch, dass der Kameradschaftsbund zum Spendensammeln kommt.

Die dank Homeoffice (kein Arbeitsweg) gewonnene Zeit nutze ich, um öfter mal die Nerven zu verlieren.

Ich will nicht behaupten, dass mich das viele Homeoffice irgendwie wunderlich gemacht hat, aber diese kleine Spinne in der Zimmerecke und ich fahren nächstes Wochenende zum Teambuilding in ein Seminarhotel im Waldviertel.

Auch nach drei Jahren Pandemie weisen Videokonferenzen punkto Kontaktaufnahme eine deutlich niedrigere Erfolgsquote als spiritistische Seancen auf. Im Sinne des Energiesparens plädiere ich daher für Tischerlrücken. Wichtig wäre nur, dass keinerlei visuelle Informationen übermittelt werden – aus Gründen.

Videokonferenz

Ich brauch für meine Videokonferenzen keinen alternativen Hintergrund, sondern einen alternativen Vordergrund.

"Ich begrüße Sie zu unserem virtuellen Treffen – hat noch jemand etwas Wichtiges zu erledigen, bevor wir beginnen?"
Wenn Sie mich so fragen – staubsaugen sollte ich endlich mal wieder.

Bei Online-Meetings versuch ich möglichst nicht zu zwinkern – ich hab große Angst, dass der Bildschirm grad dann einfriert und alle glauben, ich schlafe.

Warum müssen sich alle Teilnehmer:innen eines Online-Meetings versichern, dass ihnen "persönlich natürlich viel lieber" gewesen wäre?
Ja klar, ich wäre auch bei 35 Grad lieber quer durch die Stadt gefahren, um dann über Chancen der Digitalisierung zu sprechen.

Ihr nennt es Videokonferenz. Ich nenne es Pyjamaparty.

Nie liebt man seinen Partner mehr als in dem Moment, in dem er während einer Videokonferenz aus dem Off brüllt: "Haben wir wirklich schon wieder kein Bier daheim?"

OMG, gleich muss ich in eine Videokonferenz, und der gute Pyjama ist in der Wäsche.

Für welchen Zoom-Hintergrund entscheide ich mich heute? Den Wäscheständer mit Unterhosen, die Porno-DVD-Sammlung des Mitbewohners oder die leeren Flaschen vom gestrigen "Abendessen"?

Für die nächste Videokonferenz wünsche ich mir einen milden Verlauf.

Die erste Face-to-Face-Besprechung seit über einem Jahr. Es hat sich ausgezahlt, für die Zoom-Konferenzen den Kartoffel-Filter zu verwenden, die Kolleg:innen waren von meinem Anblick positiv überrascht.

2020 haben wir uns noch über die Leute lustig gemacht, die ihre Zoom-Meetings irrtümlich als Kartoffel bestritten haben. 2022, nach zwei Jahren Pandemie, muss man sagen: Der Kartoffel-Filter ist in den meisten Fällen das geringere Übel.

Videokonferenz April 2020: Outfit wie im Büro.
September 2020: T-Shirt, Jogginghose
März 2021: Frisch gewaschener Pyjama
September 2021: Pyjama
Dezember 2021: Pyjamahose in der Wäsche, auch egal
Jänner 2022: Kamera kaputt

Wenn die Kolleg:innen in der Videokonferenz plötzlich zu strahlen beginnen:

Katzenvideo am anderen Bildschirm (57 %)

Tinder-Match (24 %)

Irgendein Ratgeber, der grundloses Grinsen empfiehlt (19 %)

Äußerungen eines der Teilnehmenden (0 %)

In einer Google-Rezension der Büchereien wird gelobt: »Hier steht das Bemühen um den Kunden im Vordergrund!« Dem haben wir nur hinzuzufügen, dass im Hintergrund das Bemühen um noch mehr Kund:innen steht.

Kundenanfragen

"Es ist mir nicht möglich, das Buch zurückzugeben, da ich es noch nicht ausgelesen habe."
Sie haben damit den schwachen Punkt des Konzepts Leihbücherei getroffen.

"Ich warte auf ein Buch, das schon vor Tagen retourniert hätte werden sollen. Ich hoffe, dem derzeitigen Leser wurde bereits gedroht?"
Der Pferdekopf ging heute mit der Dienstpost weg.

"Ich habe das Buch in einem meiner beiden Zweitwohnsitze vergessen. Bitte verlängern, die Überziehungsgebühren sind ja doch recht happig."
Stimmt, da könnte es mit einem vierten Wohnsitz eng werden.

"Ich bin völlig fassungslos. Das ist mir in meiner mittlerweile vierzigjährigen Mitgliedschaft noch nie passiert. Was kann ich tun, um das wiedergutzumachen?"
Zahlen Sie einfach die 30 Cent für den einen Tag Verspätung, und wir reden nimmer drüber.

"Hallo, ich bin die Frau, die die Bücher nicht rechtzeitig zurückgegeben hat."
Ach, Sie sind das – wir hatten schon gerätselt, wer zu einer solchen Tat fähig sein könnte.

"Die Bücher sind ganz nass!"
"Nicht was Sie denken – das ist nur vom Regen."
WAS SOLL ICH DENKEN???

"Sollte das Buch nicht mehr auftauchen, wie verhalte ich mich?"
Unauffällig.

"Ich heirate am Wochenende, können Sie das Buch noch mal verlängern?"
Der Titel "Mut zur Trennung" zeugt jedenfalls von bemerkenswertem Weitblick.

Kundin hat eines unserer Bücher verloren: "Ich bringe Ihnen stattdessen Kuchen, das nützt Ihnen mehr als die paar Euro."
Sollen sie doch Kuchen lesen!

"Was, Sie geben die Bücher zum Altpapier?!"
Ich bin eine Doppelnull-Bibliothekarin und habe die Lizenz zum Entsorgen von Büchern.

"Ab wann macht ein Büchereibesuch Sinn, mein Sohn wird im Juli ein Jahr alt?"
Wenn er bis jetzt noch nicht bei uns war, ist eh schon alles zu spät.

"Ich habe die Bücher noch nicht fertig gelesen. Kann ich sie trotzdem zurückgeben?"
Gern sehen wir das natürlich nicht. Aber wenn Sie unsere Kontrollfragen dennoch beantworten können, wollen wir mal nicht so sein.

"Aus welcher Schule seid ihr?"
Kind: "Diefenbach."
Lehrerin: "In ganzen Sätzen antworten!"
Diefenbach, Oida.

"Kennen Sie die Hauptbücherei?"
"Ist das das neben der Lugner City?"
Nein, die Lugner City ist das neben der Hauptbücherei.

"Wir haben die Ausleihfrist verlängert."
"Vielen Dank! Ihre E-Mail hat mir ein Lächeln ins Gesicht gezaubert."
Man ist ja mittlerweile für jede nicht völlig niederschmetternde Nachricht dankbar.

"Meine Tochter war letzte Woche bei ihren Großeltern in Wien, und die haben sie bei den Büchereien angemeldet. Kann ich das stornieren?"
Natürlich, es kann ja nicht sein, dass unsere Kinder nach Wien fahren und mit einer Büchereikarte zurückkommen.

Antwort auf Rückgabe-Erinnerung:
"Geht es euch gut? Mail nach Mitternacht um 00:38 zu verschicken???"
Sorry, das nächste Mal rufen wir an.

"Ich kann das Buch leider nicht mehr finden, ich fürchte, dass ich es beim Trekking irgendwo im Himalaya liegen gelassen habe."
K2, Mount Everest oder Annapurna? Nur damit wir wissen, wo wir suchen müssen.

"Ich möchte mich beschweren, dass ich eine 15 Jahre alte Karte ohne Motiv verwenden muss, während neue Mitglieder die Karte mit Motiv gratis erhalten. Ich bin sehr verärgert deswegen."
Was heißt ohne Motiv, das ist eine wunderbare Ansicht von Wien im November:

"Ich würde mich gerne um eine Mitgliedschaft bei Ihnen bewerben."
Nur die Besten kommen durch unser knallhartes Assessment-Center-Verfahren (= das Formular auf unserer Webseite finden).

"Wie wird eigentlich das Genre des Buchs festgelegt?"
Alle skandinavischen Autoren: Krimi, alles über 800 Seiten: Fantasy. Den Rest stellen wir zu den veganen Kochbüchern.

Anmeldeformular mit Geburtsjahr 2001.
Ich: "Süß, Sie lassen für Ihr Baby eine Büchereikarte machen."
Antragstellerin: "Hier mein Studentenausweis, krieg ich eine Ermäßigung?"

"Wir sind in unserem Heimatland und können das Buch aufgrund des schlechten Internetzustands hier nicht verlängern."
Kein Problem, wir erledigen das für Sie und wünschen Ihnen noch eine schöne Zeit in Brandenburg.

"Ich würde Ihnen die Bücher schenken, aber nur, wenn sie auch wirklich ausgeborgt werden."
Ich bin mir sicher, dass uns die Weight-Watchers-Kochbücher von 1973 förmlich aus den Händen gerissen werden.

"Haben Sie einen Kopierer?"
"Aus Platzgründen leider nicht."
"Ich brauch eh nur eine Seite."
Wir haben leider auch keine Schnitzelsemmel, selbst wenn Sie nur eine kleine wollen.

Antwort auf Erinnerungsmail:
"Ich habe diese DVDs nicht, ich habe überhaupt keinen Player. Auch besitze ich keine Büchereikarte. Außerdem wohne ich nicht in Wien, sondern in Hannover. Kann es sein, dass hier eine Verwechslung vorliegt?"
Es gibt durchaus ein paar Indizien, die dafür sprechen.

Was Bibliothekar:innen sagen: "Wenn Sie die Bücher nicht rechtzeitig zurückbringen oder verlängern, kostet das 30 Cent pro Tag und Buch."
Was Kund:innen verstehen: "Wenn ich die Bücher nach fünf Monaten zurückbringe und sage, mein Hamster hatte Kehlkopfentzündung, muss ich nix zahlen."

"Ich hätte gern Interesse an Kroatien-Campingführern."
Und ich hätte gern Interesse an Excel und Quantentheorie, aber was soll man machen.

Antwort auf Mahnungs-Mail:
"Das Buch wird fürs Gymnasium (Oberstufe) gebraucht, Analyse, Referat etc. Bitte schicken Sie daher keine weiteren Mahnungen."
Warum sagen Sie denn das nicht gleich.

"Es ist wirklich eine Zumutung, wissen Sie, wie lange ich hier schon warte?!"
"Na ja, circa fünf Minuten – die beiden Damen waren vor Ihnen hier."
"Na, na, seien S' ned so frech, ich steh schon viel länger da!"
"Jetzt sind Sie ja dran, wie kann ich Ihnen helfen?"
"Haben Sie das Buch ‚How to Win Friends'?"

Jugendliche: "Kann ich das Buch?"
Hab sie natürlich darauf hingewiesen, dass das korrekt "Kann ich das Buch, Oida?" heißt.

Wenn Sie uns schreiben, dass Sie sicher niemanden beleidigt haben und immer ruhig und sachlich bleiben, verwenden Sie im Interesse der Glaubwürdigkeit lieber nicht ausschließlich Großbuchstaben und Schriftgröße 36.

"Ich ersuche um Erlassung meiner offenen Gebühren."
"Warum?"
"Aus Kulanz."
Sie haben sicher auch eine interessante Korrespondenz mit dem Finanzamt.

"Tut mir leid, eine weitere Verlängerung ist nicht möglich."
"Ich kann die Bücher in den nächsten Wochen aber nicht zurückbringen, sind Sie wirklich so geldgeil?"
Natürlich, darum bin ich ja Bibliothekarin geworden.

Mail um 11:08: "Verlängern Sie meine Bücher."
11:09: "Haben Sie jetzt verlängert, oder was?"
11:10: "Wie wär's mit antworten?"
11:11: "Frist ist verlängert. Sorry für die späte Antwort, wir haben um 11:08:30 einen Notfall (Vormerkung) reinbekommen."

"Bücher lese ich nie, ich habe zwar zwei Bücher ausgeborgt, aber nie wirklich reingeschaut, mich nie dafür interessiert. Also wozu brauche ich die Karte überhaupt?"
Na ja, sie eignet sich auch ganz gut für das Freirubbeln der Felder von Rubbellosen.

"Sie haben so einen schönen Beruf, den ganzen Tag lesen! Können Sie mir bitte zeigen, wo die Frankreich-Reiseführer stehen?"
Wenn ich mit dem Kapitel fertig bin.

Mails an unseren bibliothekarischen Auskunftsdienst: 50 % Verlängerungen, 10 % Neuanmeldungen, 40 % Beschwerden, weil akademischer Titel nicht (korrekt) vermerkt ist.

"Mein akademischer Titel scheint im Büchereikonto nicht mehr auf – wurde es gehackt?"
Eine Hackergruppe, die sich die Löschung sämtlicher akademischer Titel zum Ziel setzt, hätte in Österreich sicher alle Sympathien.

"Ich würde gern für meinen Sohn oder vielleicht auch Tochter eine Büchereikarte machen lassen. Gibt es da ein Mindestalter?"
Schicken Sie uns einfach die Ultraschallbilder.

"Ich habe das Buch schon zweimal verlängert, brauche es aber noch mindestens drei Monate. Wissen Sie eine Lösung?"
Mal so Out of the Box gedacht: kaufen?

"Haben Sie bitte Mitleid und verlängern Sie ein drittes Mal – damit ich nicht sooooo viel zahlen muss. Ich bin auf den Malediven und komme erst nächsten Montag wieder nach Wien."
Manche Leute wissen einfach, welchen Knopf sie drücken müssen – die Kollegin schluchzt immer noch.

"Tut mir leid, das Buch ist derzeit ausgeborgt."
"Können Sie den Ausleiher denn nicht fragen, ob er es schon fertig gelesen hat? Oder wenn er es coronabedingt nicht zurückgeben kann, es von ihm holen?"
Servicewüste Büchereien Wien.

"Ich habe mir einmal zwei sehr interessante Bücher ausgeborgt. Habe aber die Titel der Bücher vergessen. Ich bitte Sie, mir diese Büchertitel zu senden."
Das wird schwierig, wir haben zumindest drei oder vier interessante Bücher im Bestand.

"Können Sie bitte meine Bücher verlängern, ich muss sofort die Stadt verlassen."
Gern, das ist ja etwas, worauf viele bei einer plötzlichen Flucht vergessen.

"Ich habe vor Monaten ein Buch aus der Bücherei ausgeborgt und jetzt einen Brief von Ihnen bekommen. Was soll ich jetzt machen?"
Den Brief öffnen, bei den darin beschriebenen Handlungsoptionen ist bestimmt auch etwas für Sie dabei.

"Warum sind die Erinnerungsmails immer mit ‚Das Team der Büchereien' unterschrieben? Alles wird entmenschlicht und in einer anonymen Masse versteckt!"
Wie sag ich ihm jetzt möglichst schonend, dass das von einer Maschine automatisiert verschickte Mails sind?

"Ich hab ‚Hamlet' vor langer Zeit ausgeborgt, dann bin ich übersiedelt und hab es nimmer gefunden. Muss ich das Buch jetzt wirklich nachkaufen?"
Aber nein, der Autor ist in der Zwischenzeit eh gestorben.

Hauptbücherei, Durchsage, man möge bitte nicht mit dem Handy telefonieren.
Besucherin schreit ins Handy: "Was? Red lauter, wegen der blöden Durchsagen da hör i nix!"

Anruf in der Bücherei:
"Wie viele Seiten hat das Buch ‚Hormonyoga'?"
"Da muss ich kurz nachschauen."
"Ach so??!?"
Der Kollege ist neu – die erfahreneren Bibliothekar:innen wissen natürlich die Seitenanzahl sämtlicher Bücher auswendig.

"Wenn ich meine Frau schicke, um die Bücher zurückzugeben – welche Dokumente braucht sie da? Reicht die Heiratsurkunde?"
Die Schulzeugnisse der letzten vier Jahre bitte nicht vergessen.

"Hat Ihnen der Kollege bei der Einschreibung alles erklärt?"
"Er war sehr still, ich spürte aber, dass er kundig war."
Wir vermitteln Wissen eben eher auf einer emotionalen Ebene.

"Hallo? I hear di ned. Eiernockerl? Hallo, hallo? I hear nix! Na, kane Eiernockerl! Hallo? Ha-"
"Bitte unterlassen Sie das Telefonieren in der Bücherei."
"Des is aber wichtig!"

"Ich beginne erst im Herbst mit meinem Germanistikstudium und habe daher noch keinen Studentenausweiß."
Einen ganzen Sommer lang Zeit, über die Studienwahl nachzudenken.

Frau zieht drei Runden in der Bücherei und fragt dann am Schalter: "Und was jetzt?"
Die Lasershow und die Schwertschlucker kommen erst um 17 Uhr.

"Verzeihung, Sie haben da Petersilie am Zahn."
"Das ist Koriander."
Als Bibliothekarin sollte man stets seine Deutungshoheit verteidigen.

In der Kinderbücherei schluchzt ein kleines Mädchen: "Papi, Papi!"
"Hast du deinen Papa verloren?"
"Nein, ich krieg das scheiß Buch nicht aus dem Regal!"

"Ich habe in jungen Jahren ein Buch ausgeliehen und nicht zurückgebracht. Jetzt habe ich selbst ein Kind und würde gerne mit ihm in die Bücherei gehen, weiß aber nicht, ob das mit meiner Vorgeschichte möglich ist."
Sie waren jung und brauchten das Buch, das verstehen wir.

Strömender Regen. Frau kommt in die Bücherei: "Sauwetter – ich dachte mir, ein Buch wäre jetzt perfekt!" Geht raus, hält sich das Buch über die Frisur.
Wieder ein Beleg dafür, dass sich das E-Book nie durchsetzen wird.

"Wo stehen denn diese kleinen, gelben …"
"Interessiert ihr euch eigentlich nur noch für Pokémon?"
"Ich suche ‚Die Räuber'!"

"Zuerst konnte ich die Bücher wegen Corona nicht zurückgeben. Dann wurde meine Abschlussarbeit nicht akzeptiert, und ich brauchte die Bücher noch länger. Dann waren sie wegen der Übersiedlung in irgendeiner Kiste. Jetzt hab ich mir beim Kistenschleppen einen Hexenschuss zugezogen und kann mich nicht bewegen."
Ich bin top im Zwischen-den-Zeilen-Lesen – Sie wollen verlängern?

"Ich komme in einer halben Stunde vorbei. Bitte legen Sie mir bis dahin etwas Lustiges für mich, was Spannendes für meinen Mann und eine süße Vorlesegeschichte für meine vierjährige Tochter zurück."
Der Kollege läuft schon und besorgt ein Überraschungsei.

Mann klopft: "Das hier ist die große Bibliothek im ersten Bezirk?"

"Nein, das ist der 7. Bezirk und außerdem sind hier nur Büros."

[Armbewegung in den Raum] "Aber das hier ist doch die große Bibliothek?!"

Quasi der Prunksaal der Stadt-Wien-Büchereien:

"Ich versuche seit drei Stunden, Sie zu erreichen, wahrscheinlich waren Sie auf Mittagspause."
Genau, in Florenz gibt's da so eine nette Trattoria. Haben Sie ein Glück, dass ich nicht Lust auf Sushi hatte.

"Das Buch ist im Museum in den Spalt einer Kulisse gefallen; das Buch ist sichtbar, aber nicht erreichbar. Ich stehe in ständigem Kontakt mit der Kuratorin."
Das Buch wird einstweilen durch einen unterirdischen Tunnel notversorgt.

"Was unterschreib ich da auf der Büchereikarte?"
Dass Sie jedes ausgeliehene Buch gewissenhaft lesen und uns dann ein Referat darüber halten.

"Ich habe ein kleines Problem, lassen Sie es mich ganz kurz erläutern ..."
Eine halbe Stunde, drei Corona-Fälle, einen Umzug, einen toten Hund und ein krankes Kind später: "Können Sie die Bücher noch mal verlängern?"

"Hallo, muss man alle Bücher, die man ausgeborgt hat, wieder zurückbringen?"
Das ist die Idee dahinter, ja.

"Ich habe versehentlich ein Buch der Uni Wien, ‚Lernen aus dem Irrtum' bei Ihrem Rückgabeautomaten abgegeben."
Na schau, es wirkt schon.

"Ich ziehe nach Argentinien und kann daher nicht kommen und meine Gebühren bezahlen."
Es sind grad mal 1,20 € offen, kein Grund, gleich nach Südamerika abzuhauen.

Antwort auf Mahnung:
"Mein Mann war letzte Woche in der Bücherei – hat der Depp das Buch nicht zurückgegeben???"
So hätten wir es nicht formuliert, aber sinngemäß kommt's hin.

Jeder, der mal ein paar Stunden Support-Anfragen zur Onleihe beantwortet hat, weiß: Die Zukunft des Buchs ist nicht das E-Book.

E-Book-Support

"Ich kann die E-Books nicht laden."
"Welche Titel haben Sie derzeit?"
"Einen Magister."
Das sollte eigentlich reichen.

"Warum kann ich dieses E-Book nicht ausdrucken?!"
"Warum wollen Sie es denn ausdrucken?"
"Ich lese lieber auf Papier."
Man sollte keine Fragen stellen, wenn man nicht sicher ist, ob man die Antwort ertragen kann.

"Welches Betriebssystem?"
"Firefox."
"Das ist der Browser, nicht das Betriebssystem. Können Sie das E-Book denn im Browser downloaden?"
"Hä??"
"Um welchen Titel geht es denn?"
",Erfolgreich bewerben in der IT'."
Das Buch brauchen Sie doch gar nicht.

Wenn ihr euch für den Titel "Selbsthilfe für Messies" interessiert: Es würde uns beruhigen, wenn ihr das E-Book nehmt.

IT-Foren in der Regel so: "Hilfe, die Maus bewegt sich nicht!"
Antwort: "Tippen Sie diskmgmt.msc ein, partitionieren Sie Ihre SSD und ändern Sie dann den Versionsparameter im Quellcode der Datei."

Kunde ruft während Support-Telefonat seiner Frau zu: "Siehst, es gibt noch Beamte, die ned ganz deppert san."
So was Schönes hat noch nie jemand über mich gesagt.

E-Books sind eh super. Der Zivilschutzverband empfiehlt aber für den Fall eines Blackouts mindestens fünf ungelesene physische Bücher daheim zu haben.

"Können wir Ihr digitales Angebot auch als Nicht-Wiener nutzen? Wir kommen aus dem Umland."
"Wo wohnen Sie denn?"
"Derzeit in Abu Dhabi."
Lassen wir gelten, Ihre nächstgelegene Zweigstelle wäre dann Stadlau.

Der durchschnittliche Neukunde unserer digitalen Angebote ist 30, weiblich und heißt Michael.
Kein Wunder, dass niemand Statistiken ernst nimmt.

"Ich konnte mich in Ihrer App anmelden. Aber leider gibt es ausschließlich Bücher."
Bis jetzt konnte ich die Leitung noch nicht davon überzeugen, Wurstsemmeln und Huhn süß-sauer in unser Programm aufzunehmen.

"Ich lehne Adobe aus Datenschutzgründen ab."
"Sie brauchen aber eine Adobe-ID für unsere E-Books."
"Na gut. Ich nehm eh für alles dasselbe Passwort."

"Die App stürzt immer ab, was tun?"
"Versuchen Sie es mit einer Neuinstallation."
"Haben Sie keine originelleren Tipps?"
Sie können optional auch Kamillenblüten in einer Hirschblase fermentieren und sie bei Skorpion im zunehmenden Mond aufs Display streuen.

"Ich bin gerade in England und kann keinen Reiseführer herunterladen. Das heißt, ich habe kaum Infos über das Land!!"
Es ist eine Insel, der König heißt Charles, der Premier ständig anders, und essen Sie nur in indischen Lokalen.

"Ich würde gern auch E-Books ausleihen. Kann ich das online machen oder muss ich da persönlich vorbeikommen?"
Wir faxen sie Ihnen einfach.

"Das E-Book ‚Kapitalismus' funktioniert nicht!"
Wenn es nur das E-Book wäre.

"Die App funktioniert noch immer nicht – was soll ich tun?!"
1. Deinstallieren Sie die App komplett.
2. Drehen Sie das Handy vollständig ab.
3. Werfen Sie es in die Donau.
Support à la Marie Kondo.

Tipp für das perfekte Ausfüllen eines Fehlermeldung-Formulars:
Alle 15 Felder leer lassen, in den Betreff "GEHT NICHT!!!" schreiben.

"Anbei schicke ich Ihnen die Fehlermeldung."
Danke für den Befund Ihrer Gelenksarthrose, aber ich fürchte, da bin ich überfragt.

"Ich sehe den Download-Button aber nicht!"
"Was sehen Sie denn, wenn Sie ..."
"Meinen Computer!"
Es muss auch Menschen geben, die das große Ganze im Blick behalten.

Entgegen anderslautender Gerüchte passieren die wahren Abenteuer nicht im Kopf, sondern in der Bücherei. Das beweist ein kleiner Einblick in unseren Arbeitsalltag.

# Bibliothekarischer Alltag

"In den letzten 30 Minuten wurden ein Handy, ein Regenschirm, eine Jacke und zwei Rucksäcke bei uns vergessen."
Von wegen vergessen. Da will jemand bei uns einziehen.

Ihr Hund hat auf jeden Fall Zähne:

Aus Rücksicht auf die bibliophile Fangemeinde gehen wir bei der Entsorgung von Büchern mit ähnlicher Diskretion vor wie Mafiosi bei der Entsorgung ihrer Gegner.

Google-Rezension: "Ich war zum ersten Mal in dieser Bücherei und ich war positiv überrascht. Sie ist sehr sauber."
Nicht so ein Dreckloch, wie man das gemeinhin beim Betreten einer Bibliothek erwartet.

An einem regnerischen Tag vor der Hauptbücherei:
"Wos isn des?"
"Die Bücherei."
"Na und wo san de Biacha?"
Bei Schlechtwetter drinnen.

"Kann ich etwas vorbestellen oder macht Ihnen das Arbeit?"
Ein bisschen, aber wenn ich mich recht entsinne, ist die Erledigung von Arbeit Teil meines Dienstvertrags.

Shout-Out an den Besucher der Hauptbücherei, dem diese Sachen gehören:
Wenn Sie aus der Dusche kommen, ist der Kaffee fertig und das Handy voll aufgeladen:

Wie ich eben erfahren habe, besitzen wir offenbar Dienstregenschirme. Gut zu wissen, ich hatte mir bislang immer einen dieser großen Fotobände aus der Kunstabteilung geholt.

Vor dem Lift im ersten Obergeschoß kam es zu einer Massenkarambolage, es sind mindestens 15 Bücherwägen beteiligt. Die Aufräumarbeiten dauern noch bis voraussichtlich Mittag an:

Katzen in der Bibliothek kennt man ja. Wir sind aber stolz auf unser erfolgreiches Diversity-Management:

Dem Kollegen aus Oberösterreich sagen, dass man den Bericht spätestens "zwischen dreiviertel zehn und viertel elf" fertig hat. Nimmt den Druck raus, und er hat eh keine Ahnung, wann das ist.

Wie kriegen die "Ich schaffe es aus beruflichen Gründen nie, die Bücher zurückzugeben"-Leute eigentlich die Ausleihe hin?

Die Hauptbücherei vermisst mittlerweile über 40 Wohnmobil-Reiseführer.
Das solltet ihr wissen, wenn ihr in eurem Wohnmobil unterwegs seid und von einem Fahrzeug verfolgt werdet, in dem Menschen mit optischer Sonnenbrille, Dutt und Twinset sitzen.

Die deutsche Touristin fragte nach einem "dieser lustigen Büchersackerl", und ich musste sie leider wegen kultureller Aneignung rausschmeißen.

Im College 3 wurde ein diamantenbesetzter Goldring gefunden; noch ist er in der Fundlade, morgen zieht dann ein Kollege nach Mordor und wirft ihn in den Schicksalsberg.

Aus einer Rezension:
"Die Seeleute versuchten vergeblich, in die Bucht hineinzuschiffen."
Wer mal ein öffentliches Männerklo gesehen hat, glaubt das sofort.

Powerpoint-Präsentationen soll man bekanntlich mit einem kleinen Scherz einleiten, um die Stimmung aufzulockern (in Wirklichkeit gibt es natürlich nur eine Kaffeepause – nach Folie 5.926.):

> **Zum Ablauf**
>
> Nach Folie 1.586 und Folie 4.338 machen wir jeweils eine fünfminütige Kaffeepause.
>
>
> Stadt Wien | Büchereien

Im Wasserbehälter unserer Kaffeemaschine ist eine Schnecke. Laut Aquarien-Foren ein gutes Zeichen, der Kollege zeigt dennoch Anzeichen von Ekel.

Irgendwas muss man als Bücherei am Welttag des Buchs natürlich schon posten. Zum Beispiel dass heute auch Tag des deutschen Biers ist.

Handlungsgerüst des sogenannten Feel-Good-Romans: Frau lebt in irgendeiner großen Großstadt (pfui), erbt Bauernhof/Hotel/Café in einem kleinen Dorf (idyllisch), trifft Jugendliebe wieder. Am Ende sind alle glücklich.
Mir stellen sich da spontan zwei Fragen: Warum erinnert sie sich nicht umgehend daran, warum sie a.) das kleine Dorf und b.) die Jugendliebe verlassen hat, und zieht die entsprechenden Konsequenzen?

"Mir ist fad, ich muss aufs Klo, ich hab Hunger." Kinder bei Autofahrten.
Ich bei Besprechungen.

"Der Rückgabeautomat vor der Hauptbücherei – und jetzt (hält Mikrophon in die Menge) ihr alle":
(Menge im Chor:) „IST AUSSER BETRIEB!"

"In der Geschichte wird leider auch sehr viel über die Probleme der Protagonistin erzählt."
Es ist ja immer irgendwie störend, wenn es in Romanen um die Protagonist:innen geht. Man hat schließlich genug eigene Probleme.

70 % aller Bewerber:innen weisen darauf hin, dass sie "schon immer von Büchern umgeben waren".
Leute, ich war schon immer von Schokolade umgeben und bewerbe mich deswegen auch nicht bei Lindt.

Goldene Regel für den Büchereibesuch:
Wenn Sie nicht wissen, welche Art Bücher Sie prinzipiell gerne lesen, wissen wir es auch nicht.

"Ist das der Einkaufszettel?"
Nein, das ist der Entwurf eines Romans, in dem 3 Kilo Erdäpfel, 4 Joghurts und Klopapier die tragenden Rollen spielen.

Nach dem Feueralarm wurden wir vom Brandschutzbeauftragten gelobt, weil wir seit zehn Jahren alles richtig machen.
Noch nie ist eine von uns verbrannt.

So ein Ventilator im Büro ist eine super Sache: sorgt für Kühlung und hat außerdem meine To-do-Liste aus dem Fenster geweht.

Hat sich doch ausgezahlt, dass wir die besten und teuersten Landschaftsgärtner:innen aus England und Frankreich engagiert haben:

Ich will ja nicht behaupten, dass es in meinem Büro heiß ist – aber was da hängt, ist kein Bild von Salvador Dalí, sondern die Wanduhr.

Führung einer Schulklasse durch die Hauptbücherei:
"Und hier stehen die Pop- und Rock-CDs."
Verständnisloses Schweigen.
"Da ist Musik drauf, die wir zur Einstimmung auf die Mammutjagd gehört haben."

"In der Lounge liegen Koriander und Rucola zur freien Entnahme."
Das Freibier des 7. Bezirks.

Paketzusteller: "Wie heiß sind Sie?"
"Wie bitte?"
(lauter): "Wie heiß sind Sie?"
"Sehr heiß."
(kurze Pause)
"WIE HEISSEN SIE?"
Oh.

"Lou ist eine schüchterne, fleißige Bibliothekarin. Da sie nichts und niemanden hat, zu dem sie nach Hause gehen kann, gibt sie sich dem leidenschaftslosen Sex mit dem Direktor des Instituts auf ihrem Schreibtisch hin."

Wer unsere Schreibtische kennt, weiß, wie unrealistisch das ist:

Bibliothekar:innen, die bei Amazon bestellen, landen in der Buchhandelhölle und müssen auf ewig "was Lustiges, nicht zu seicht, aber auch nicht zu anspruchsvoll, spannend, aber nicht brutal, für Frauen zwischen 40 und 47,5" finden.

Random Autorinnen-Bio: Lebt mit ihrer Familie, Pferden und Hunden/Katzen in ...shire und verbringt jede freie Minute im Garten.
Meine: Lebt mit einer zweistelligen Zahl an Drageekeksi-Packungen in einem Wiener Arbeiterbezirk und hängt jede freie Minute neiderfüllt in Insta.

Bewerbungen, die mit einem Zitat aus "Der kleine Prinz" beginnen, leiten wir sofort an die MA 67 (Parkraumüberwachung) weiter. Weil nur mit dem Herzen sieht man gut.

Meine Englisch-Maturaarbeit hab ich über den Nahostkonflikt geschrieben. Wenn mich jetzt ein Kunde auf Englisch nach dem Weg zum Klo fragt, führ ich ihn einfach hin, um uns beiden unnötiges Leid zu ersparen.

7 % aller Bibliotheksbücher sind signiert. Allerdings nicht vom Autor/von der Autorin.

"Das ist ‚Siddhartha', der Kunde hat aber ‚Steppenwolf' vorbestellt."
Praktikant: "SO genau ist das?"
Eh nicht, gib ihm einfach ein Buch über Säugetiere.

Bereits nach knapp einem Jahr entdeckt, dass die PC-Maus deswegen so schlecht funktioniert, weil unten noch die Schutzfolie draufpickt.
Gebt mir die Leitung der IT!

Oft kopiert, nie erreicht: Der Kaffee aus unserem Automaten:

"Wow, bin ich heute wirklich der einzige Mann bei unserem Meeting?"
Irgendwer muss schließlich den Kaffee kochen.

Ich würd gern endlich umblättern, aber man will ja nicht stören:

"Morgen kommen die Fensterputzer – bitte so weit wie möglich frei machen."
Die Büchereien der Stadt Wien, wo man als Fensterputzer noch etwas geboten kriegt.

Mir wurde eben ein Fax übermittelt. Zuerst fiel mir vor Schreck das Twinni ins Afri-Cola, aber dann hab ich es gleich auf meiner Floppy Disc gespeichert.

Warum gehen die "Überall anders geht das!"-Kunden eigentlich nicht überall anders hin?

Hohe Nachfrage nach Büchern mit Rezepten für vegane Dattel-Haferkugeln und Avocado-Protein-Bites. Halloween in Wien-Neubau.

Kindergartengruppe in der Bücherei:
"Ich bin Putzmann."
"Nein, ICH will heute Putzmann sein!"
"Wieso immer der Jakob?!"
Kiga-Pädagogin: "Ruhe, ihr seid heute alle Putzmänner!"
Leider werden sie viel zu schnell erwachsen.

"Ihr Buchpaket kommt morgen. Über das genaue Zeitfenster informieren wir Sie am Tag der Zustellung."
Heute: "Ihr Buchpaket wird zwischen 8 und 20 Uhr zugestellt."
Das Panoramafenster unter den Zeitfenstern.

Wenn es nach sogenannten "Feel-Good"-Romanen geht, ist es wichtig, dass alles klein ist: die kleine Buchhandlung, das kleine Café, das kleine Cottage und das kleine Hotel.
Denkt daran, wenn ihr in eurer kleinen Wohnung sitzt und euer kleines Einkommen bezieht.

Mann zum Kind im Eiskönigin-Kostüm: "Ah, du bist Elsa!"
Kind im Eiskönigin-Kostüm, irritiert: "Nein, ich bin ein Dinosaurier, der als Elsa verkleidet ist!"
Und dann wundern wir uns, dass uns Kinder nicht ernst nehmen.

Kollegin beim Verlassen des Büros: "Schönes Wochenende!"
Ich hab es nicht übers Herz gebracht, ihr zu sagen, dass heute Montag ist.

Google Maps empfiehlt mir auf dem Weg von der Zieglergasse in die Pelikangasse Fähren zu vermeiden. Nun gut, dann werde ich versuchen, mich auf dem Landweg durchzuschlagen.

"Ihr Passwort erfüllt nicht die Mindestanforderungen. Es muss Groß- und Kleinbuchstaben, Ziffern, Sonderzeichen, Wacholderbeeren und einen pulverisierten Mammutstoßzahn enthalten."

Einmal "Ich schau nur kurz" wiegt in der Bücherei durchschnittlich 4,7 Kilo.

Unsere Strategie gegen Manspreading: Bookspreading:

Ich habe im Mail auf die beigefügte Datei verwiesen und tatsächlich eine Datei beigefügt und besser kann der Tag eigentlich nicht werden.

Benutzungsanleitung für die Bibliothek:
1. Gehen Sie zur Couch und suchen Sie sich dort in Ruhe ein Buch aus.
2. Setzen Sie sich damit gemütlich ins Regal.
Viel Spaß bei der Lektüre!

Wenn Sie uns eine Mail mit der Bitte um Verlängerung schicken und weder Namen noch Kartennummer angeben: Ihr Vertrauen in unsere hellseherischen Qualitäten ehrt uns, wir müssen es aber leider enttäuschen.

"Wenn man mit jemandem schweigen kann, hat man einen ganz besonderen Menschen gefunden."
Wenn das stimmt, sollte ich mir den netten Herrn von der EDV, der meinen PC wieder in Gang zu bringen versucht, wohl näher ansehen.

Flirtversuch vor dem Matheregal: "Hi, bist du auch in der Bücherei?"
Raffinierte Eröffnung, da riskiert man kein Nein als Antwort.

Wenn Mails mit "Ich bin gerade dabei, meine Wohnung auszumisten …" beginnen, lese ich gar nicht weiter. Sie enden erfahrungsgemäß nie mit "… und diese Goldbarren würde ich Ihnen gerne schenken".

Google-Rezension:
"Man kann dort auch lesen!" *****
Wir wollen ja nicht, dass ihr euch fadisiert, während ihr euer Kebap esst.

Frau telefoniert in der vollen Bücherei lautstark per Videocall mit ihrem Freund: "Ich muss gleich wieder ins Büro, da kann ich dann nimmer so telefonieren, das ist peinlich."

In der Besprechung dasselbe Gefühl, wie wenn ich bei Netflix irrtümlich eine Folge der Serie übersprungen habe.

"Ich habe versucht anzurufen, da hat niemand abgehoben, dann habe ich eine E-Mail geschrieben, auf die nie jemand geantwortet hat, und dann war ich bei Ihnen in der Bücherei, und es war zu."
Sorry für das Ghosting – wir waren einfach noch nicht bereit für was Fixes.

Vor der Bushaltestelle, an der hundert Leute warten, ausgerutscht. Schnell begonnen mit Armen und Beinen zu rudern und "Schnee-Engel" zu rufen, damit alle glauben, es war Absicht.

Als Bibliothekar:in ist man ja so eine Art Universalgenie; zumindest solange das Internet nicht ausfällt. Und ja, wir scheuen uns nicht davor, auf absolutes Recherche-Neuland – Seite zwei, in Extremfällen sogar Seite drei der Google-Suchergebnisse – vorzustoßen. Und sollte die Antwort irgendwas mit Reptiloiden zu tun haben, erkennen wir das sofort als Fake News.

Naturgemäß ist in erster Linie unsere literarische Expertise gefragt, aber das heißt nicht, dass wir nicht auch zu allem anderen etwas zu sagen haben.

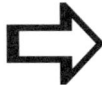

Allgemeine Betrachtungen

Das menschliche Gehirn besteht zu 85 % aus Wasser, und das erklärt schon einiges, weil so richtig schlau ist Wasser jetzt nicht.

In Kürze spielen Guns n' Roses im Happelstadion. Seid also achtsam, wenn ihr heute mit der U2 unterwegs seid – andere brauchen euren Sitzplatz vielleicht notwendiger.

In Österreich nimmt nur ein Prozent der Väter sechs Monate Karenz – davon schreiben allerdings 100 Prozent danach ein Buch über diese Zeit.

Ich sehe sie deutlich vor mir, die "Ich kann einfach keine Bücher wegschmeißen"-Leute, die den Italien-Reiseführer von 1983 und "Windows 95 für Einsteiger" in den offenen Bücherschrank stopfen.

Im öffentlichen Raum sollte man das Handy immer lautlos stellen. Vor allem wenn man "I'm too sexy" als Klingelton verwendet und das keiner intersubjektiven Überprüfung standhält.

"Die Autorin liebt Geschichten mit Happy End, ist glückliche Ehefrau und Mutter, begeisterte Köchin – und würde zu einem Glas Cider niemals Nein sagen." Nach der Lektüre solcher Biografien würde ich auch zu einer Pfeife Crack nicht Nein sagen.

Mit 16: Nach drei Tagen Musikfestival im Gatsch, ohne Zelt, ohne Schlaf, ohne feste Nahrung: einmal duschen und weiter geht's.
Mit Ende 40: Im Konzertsaal auf den seitlichen Plätzen gesessen: ein Monat Physiotherapie.

Frage für eine Freundin: Bis wann ist es eine Sprachnachricht, und ab wann spricht man von einem Podcast?

Wie viele Nobelpreise werden wohl nicht verliehen, weil: "Ah, unbekannte ausländische Nummer, gleich mal blockieren, verdammte Spammer!"

Ich habe eben entdeckt, dass der Inhalt vom Gefäß links nicht zur Gänze in das Gefäß rechts passt und warte nun mit Spannung auf den Anruf vom Nobelpreis-Komitee:

Angeblich ist man oft eigentlich durstig, wenn man glaubt, hungrig zu sein. Nach drei Litern Tee kann ich jetzt zweifelsfrei sagen: Es ist Hunger.

Ja, An Apple a Day keeps the Doctor away, aber A Knoblauchbaguette a Day keeps everyone away.

"Passt es, wenn ich Sie mit Fräulein anspreche?"
Ich bevorzuge: "Holde Maid."

Laut einer Studie leben Menschen, die lesen, im Durchschnitt zwei Jahre länger.
Man hat dann einfach weniger Zeit für Sportunfälle.

Mittlerweile muss ich bei Altersangaben im Internet so lang scrollen, dass ich bis dahin vergessen habe, warum ich das ausfülle.

Ich bin dafür, dass die Produkte im Supermarkt alphabetisch sortiert werden, aber ich bin da vielleicht nicht ganz objektiv.

Das war im Kürbiskernweckerl eingebacken. In Zeiten wie diesen bin ich nicht wählerisch, was die Form der finanziellen Hilfestellung betrifft:

Ja, Leute, die in der U-Bahn laut Musik hören, sind nervig. Aber seit ich dort laut lese, stört mich das nicht mehr so.

Ein guter Montag beginnt mit der Erkenntnis, dass bereits Dienstag ist.

Jede Generation hat ihr soziales Netzwerk – die Boomer Facebook, die Millennials Instagram, die Generation Z TikTok und die Generation X die Pflanzentauschbörse in Atzgersdorf.

Liebe Foodblogger:innen, ich will nicht wissen, in welcher kalabrischen Trattoria ihr der Großmutter des Wirten beim fünfzehnten Glas Cirò das streng geheime Originalrezept entlockt habt. Sagt mir einfach, wie viel Gramm Mehl und gut ist es.

Im 7. Bezirk dauert der durchschnittliche Coffee to go 35 bis 50 Minuten, aber, hey, dafür hat man dann Bruegels "Bauernhochzeit" in den Milchschaum seines Cappuccino gezeichnet.

Solange du "Alles Roger in Kambodscha" und "Okidoki" sagst, brauchst du mir nicht erklären, Gendern mache die Sprache so unelegant.

"Kochen ohne Kohlenhydrate", wtf, mich interessieren eher Kohlenhydrate ohne Kochen.

Die intensivsten Glücksmomente der Österreicher:innen:
3. Sonnenuntergang am Meer
2. Schnitzel hängt über den Tellerrand
1. Entdeckung eines Rechtschreibfehlers im Posting eines bekannten Accounts

Deutsches Deutsch: "Wir nehmen das auf und lassen es in die Entwicklung miteinfließen."
Österreichisches Deutsch: "Reden Sie es in ein Sackerl und stellen Sie es vor die Tür."

"Der Montag wird gleich viel schöner, wenn man Kollegen mit einem Lächeln begegnet!"
Noch schöner wird er, wenn man ihnen gar nicht begegnet.

Elon Musks Ankündigung, als Nächstes Coca-Cola zu kaufen, um es wieder mit Kokain zu versehen, war der zweiterfolgreichste Tweet in der Geschichte Twitters.
Leute, ich kauf einen Weinberg und tu wieder Frostschutzmittel in die Spätauslese.

Da hat man zwölf Semester Sprachwissenschaften studiert, nur um auf die Frage "Wie geht's?" mit "eh" zu antworten ... na ja, egal.

Ich habe gerade ein USB-Kabel auf Anhieb richtig eingesteckt und jetzt kann mich nichts mehr aufhalten.

Nicht vergessen – heute Nacht beginnt die Sommerzeit und morgen können wir alle schon eine Stunde früher deprimiert sein.

Ich brauche wirklich keine Meditation, um einen Zustand völliger geistiger Leere zu erreichen.

Im Billa: "Du, ich kann jetzt nicht, ich ruf dich dann zurück, wenn ich in der Bücherei bin."
Genau, sonst stört man die anderen Kund:innen noch beim Einkaufsradio hören.

Mich beeindrucken Menschen, die sagen, sie vergessen während der Arbeit komplett aufs Essen. Ich denke an nichts anderes.

Für Jeff Bezos' Jacht soll eine historische Brücke abmontiert werden; aber den 15. Bezirk zu schleifen, damit ich nicht im Zickzack zur Hauptbücherei radeln muss, ist natürlich kein Thema. Wir sind eben doch nicht alle gleich.

Es ist ein schmaler Grat zwischen "Ich brauch kein Wagerl, ich kauf eh nur eine Semmel" und dem verzweifelten Balancieren von 3 Kilo Orangen, 4 Joghurts, 3 Packungen Kaffee und 5 Tafeln Schokolade. Die Semmel hab ich übrigens vergessen.

Wenn euch eure Großeltern erzählen, dass sie durch hüfthohen Schnee in die Schule gegangen sind, sagt ihnen, dass ihr durch flüssigen Teer in die Arbeit watet.

Ich fahre nicht einfach mit der U6 in die Arbeit; ich erlebe ein Urban Adventure.

Den IQ ermittelt man, indem man von der Summe der gelesenen Bücher die Titel über Schutzengel und UFO-Forschung abzieht.

Arbeit ist der Untergang der lesenden Klasse:

Was ich am Sommer auch gern mag: 65+ Männer, die mit Halbhelm, getuntem Auspuff und grimmigem Blick auf ihrer Harley durch den 7. Bezirk fahren, um sich in der Apotheke ihre Blutdrucksenker zu holen.

Wenn ich über erfolgreiche Menschen gelesen habe, dachte ich immer: "Die sind ja viel älter als ich, wenn ich erst so alt bin, bin ich auch was." Mittlerweile kann ich nur mehr hoffen, dass Warren Buffett nicht stirbt.

Heute wieder mal klimaneutral mit dem Schaukelpferd in die Arbeit geritten:

Es gibt Dinge, die mit über vierzig deutlich an Reiz verlieren, zum Beispiel nach 21 Uhr rauszugehen.

Die Hälfte meiner Mittagspause verbringe ich in der Warteschlange vor dem einzigen Bankomat im 7. Bezirk, um die 80 Euro für das gefüllte Weckerl beim Biobäcker abzuheben.

Ich kann nur in "Brot-Boutiquen" einkaufen, die mir versichern, dass jedes ihrer Produkte ein handgemachtes Unikat ist.
Der Gedanke, dass meine Kollegin und ich eines Tages mit genau der gleichen Semmel ins Büro kommen – einfach peinlich.

Wichtigster Bestandteil des Germanistikstudiums: Auf die Frage "Kann ich das schnell kopieren?" immer mit "Ich weiß nicht, KANNST du?" zu antworten.

Die besten Szenen aus dem Alltag Wiens bei Milena

ANDREAS RAINER
WIENER ALLTAGSPOETEN ZWEITER BAND
ISBN 978-3-903460-07-2

Andreas Rainers Account *Wiener Alltagspoeten* wurde zum Social-Media-Phänomen, das erste Buch ein Bestseller – und nun erscheint der zweite Band mit den besten Dialogen aus Wien. Seit dem Debüt ist viel passiert, Autor und Alltagspoet Andreas Rainer hat seine Heimatstadt Wien durch eine hartnäckige Pandemie, wechselnde Bundesregierungen und bei Dialogen an der Supermarktkassa, Bushaltestelle und im Kaffeehaus begleitet. Egal ob Freud oder Leid, Trauerspiel oder Freudentanz: Niemand bringt die Aktualitäten des Weltgeschehens oder im Grätzl ums Eck so treffend auf den Punkt wie ein dahingeworfener Wiener Schmäh.

WER WIEN ERLESEN MÖCHTE, KANN DEN REISEFÜHRER WEGPACKEN, DENN DAS ECHTE WIEN IST DAS DER ALLTAGSPOETEN.

U4
Zwei Kollegen treffen sich zufällig.
Kollege 1: Du, wir müssen aber ned miteinander
reden, wennst ned magst.
Kollege 2: Super, danke dir.

Die besten Szenen aus dem Alltag Wiens bei Milena

SASCHA SKOTTON
NACHTSCHICHT
ERLEBNISSE EINES WIENER TAXIFAHRERS
ISBN 978-3-903460-11-9

Zwei Jungs werden aus einem Ringstraßen-Club geworfen, eine ältere Dame berichtet von ihrer Heizdeckenfahrt, ein betrunkener Bayer erinnert sich nicht mehr an den Namen seines Hotels, ein Schimpanse greift dem Lenker ins Steuer, ein Musiker singt italienische Schlager am Beifahrersitz, ein Mops hyperventiliert auf der Rückbank, ein misstrauischer Fahrgast tritt seine letzte Taxifahrt an ...

Von solchen und noch mehr skurrilen Begebenheiten handeln die Geschichten in diesem sehr lebendigen Buch, Sascha Skotton, leidenschaftlicher Taxifahrer mit viel Herz und Humor hat die besten Erlebnisse gesammelt.

Die besten selbst erlebten Wiener Taxi-Geschichten, steigen Sie ein und fahren Sie mit durch die Nacht.

»Was schuld ich dir, Bruda?«
»9,70 macht's aus.«
»Mafiosi, Bruda. Arbeitest die ganze Nacht?«
»Ja.«
»Dann viel Spaß noch, Bruda.«

Gedruckt mit freundlicher Unterstützung durch

Umschlag: Boutique Brutal, www.boutiquebrutal.com
Alle Fotos: © Stadt Wien-Büchereien
Druck und Bindung: Finidr s.r.o.
© Milena Verlag 2023
ALLE RECHTE VORBEHALTEN
ISBN 978-3-903460-09-6

Weitere Titel und unser Gesamtverzeichnis
finden Sie auf www.milena-verlag.at